The One Minute Father
好爸爸的一分钟

〔美〕斯宾塞·约翰逊 著　周晶 译
Spencer Johnson

南海出版公司

新经典文化股份有限公司
www.readinglife.com
出 品

献给爱默生、克里斯蒂安和奥斯汀

目 录
Contents

给父亲们的一封信　1

第一位父亲　5

批评是为了成就，而不是伤害　11
愿意倾听，孩子才会说给你听　28
学会肯定孩子的努力　42
目标切合实际才会让孩子更自信　57

第二位父亲　73

孩子是家长的镜子　78
如何确立目标　88
如何表扬孩子　96
如何批评孩子　109

新的一分钟父亲　129

给父亲们的一封信

各位父亲：

想必你们根据自身经验就已知道，当一个好父亲不是短短一分钟就能做到的事。

不过，有一些方法可以使你与孩子更好沟通——只需要短短一分钟——就能很快帮助孩子喜欢上他们自己，然后心甘情愿地做个好孩子。

实际上这些方法非常简单，以至于你很难相信它们真的有效。

不过，看过这本书后，你或许可以像其他父母那样，认真研读书中介绍的三种沟通技巧，并在你的家庭中实践一个月，然后再对它们下结论。

看看你的孩子在行为举止上有没有进步，问问他们对自己发生的变化有什么感受。那时，你就可以判断这些方法是否有效了。

我敢说，你会得到跟我和其他务实的家长们同样的结论：不论从孩子，还是从家长的角度来说，这些方法都确实有效！

斯宾塞·约翰逊博士

1

第一位父亲

一个事业有成的男人有一天突然发现自己很困惑,而且这种困惑的状态已经持续了一段时间。于是,他像以前对待其他问题一样,开始寻找解决的办法。

他发现,这些困惑产生于妻子突然去世之后——他要独自抚养五个孩子。

在教育孩子的问题上他和妻子一直竭尽所能:妻子扮演慈爱的母亲,而他扮演严厉的父亲。实际上,这种教育方式完全是他们从父辈那里学来的。

他从来没意识到教育五个与他朝夕相处的孩子竟然这么难,以及妻子究竟承担了多少责任。

现在,他终于明白了妻子的唠叨。

跟孩子们在一起的时间越久,他就越觉得自己以前太忽视他们了。他记得,以前妻子常常说很担心孩子们,觉得他们的问题越来越多。但作为父亲的他对此却毫不在意。

现在他才知道妻子以前所做的一切是多么不容易。他意识到,如果当初他们能在教育孩子的问题上互相配合,也许现在的情况会好得多。

如今妻子走了,孩子的问题都要由他单独解决。他开始观察他们的行为。

这才发现,原来妻子以前为了不让他操心,经常在他面前掩饰孩子们的淘气。或许,她这么做也是为了保护孩子的自尊吧!

观察得越久,他就越觉得孩子们简直无法无天。对于父母为他们所做的一切似乎根本不领情。还有他们奇怪的眼神——好像他们也有自己的困惑。

他因为忙于事业,比大多数人结婚得要晚。可他没想到,晚婚使他跟孩子的代沟越来越深。

他不禁想,是不是所有的孩子都是这样?自己的孩子是怎样、从什么时候开始变成这样的?

时间一天天过去,这位父亲发现家里出现了一些严重的问题，一些他只在书和报纸上读过、只发生在别人家里的问题。

他开始为电视和报纸上各种各样的坏消息不安。他连想都不敢想那些外面发生的事情——青少年日益严重的成长问题——吸毒、恶意破坏、违法乱纪，甚至还有暴力犯罪和自杀行为。这些都让他无比焦虑。

他试过不去想这些。可是当发现孩子们在外面越待越晚，出门的次数越来越频繁后，他就自然而然地想到了青少年离家出走的问题。

他也曾安慰自己，直到发现一些统计数字背后，有很多像他这样忧心忡忡的父母。家家都有本难念的经。

他爱自己的孩子，不想坐以待毙，于是下定决心要做点儿什么。可是该怎么做，又该从哪方面入手呢？

这位一向放任不管的父亲开始用新的眼光看待自己的家庭。最后发现，他需要做的，就是找到一个解决问题的方法。

"我一直都没尽到做父亲的责任，"他想，"他们现在已经很离谱了，这对他们和我都没有任何好处。"

"我需要管得更严些！"他打定了主意。他是对的，孩子们确实需要被管得更严些。于是，他开始尽自己所能更严厉地管教他们。

开始时，他仍然沿用自己父母的那套管教方式，但很快就觉得精疲力竭。虽然孩子们的行为确实有暂时的改变，但他们对待问题的态度却一点儿都没变。表面上比以前听话了，实际上是口服心不服，怨恨的情绪越来越强烈。

家里的紧张气氛使这位父亲更加困惑不解。为什么他越努力，事情却变得越糟呢？

他实在不知道该怎么办才好。在其他领域，他也曾经遇到过同样棘手的问题，但每次都能成功找到解决的办法。所以，他并不气馁，决定通过一条屡试不爽的途径去寻找答案：向知道该怎么做的人求教。

批评是为了成就,而不是伤害

这位父亲去拜访了一位专门研究家庭问题的心理医生。在医生为他倒咖啡的时候,介绍了自己的家庭情况,并解释说:"我不明白,为什么我不能像经营事业那样经营好我的家庭?"

医生说:"我理解你的感受。"

接着他平静地问:"你为什么认为一定要你去'经营'家庭呢?"

这位父亲沉默了一会儿,因为他从没想过这个问题,他一直以为经营家庭就是自己的责任。当他听到医生的质疑,尤其是发现自己心里也产生了同样的疑问时,才开始明白问题所在。

"你觉得下面两种方法哪一种对你来说更容易?"医

生问,"一是由你来经营孩子们的生活,二是让他们去经营自己的生活。"

"这么问的话,我还是希望他们能自己在生活中做出正确的判断。我和其他的家长一样,想让自己的孩子过得开心,并且长大以后能变成他们自己期望的样子。"

"那么你现在最大的问题是什么?"医生问。

"管教!"父亲回答,"我甚至没有办法让他们为我变得规矩一些,更不用说让他们过得快乐了。"

"'为你'变得规矩一些?"医生问。

"好吧,好吧,"父亲无奈地举手投降,"为了他们自己。"

医生笑了起来——他喜欢这位父亲。"我也有孩子,"他说,"也遇到过同样的挑战。不过,我很幸运地找到了一种管教孩子的方法,不仅花不了多少时间,而且还能创造奇迹。"

这位父亲对此非常感兴趣,他的脸上露出半是渴望,半是尴尬的表情。

"到目前为止,恐怕我还没有在孩子们身上花过很多时间,"他坦白地说,"我倒不在乎花多少时间,只要对我和孩子们真的有帮助就行。我真的很希望家里的情况能有所改善。"

"你把孩子的利益放在第一位,这很让人敬佩。不过,如果能用很少的时间就取得很好的效果,又何乐而不为呢?"

父亲笑着回答:"那样的话我当然乐意了!要用多长时间才能学会那些方法呢?"

"很快就能学会,但要想运用自如,你还需要在生活中实践几个星期。

"事实上,第一次运用这些方法的时候,你可能会觉得很难,甚至感觉自己像另一个人。"

父亲回忆说:"我刚学会新的高尔夫挥杆方法的时候,也感觉自己变成了另一个人。可是,过了一段时间就觉得很自然了。现在,我还是很庆幸自己当初在打球方法上做出了改变。"

"既然你明白这个道理,并且愿意改变自己管教孩子的方法,那么我有一个好消息要告诉你。

"用这些方法管教孩子,会让他们愿意主动改进自己的行为。

"最重要的是,你和你的孩子会变得更加尊重彼此,相处得也会更加融洽。"

"听起来简直太棒了！我们从哪儿开始学呢？"

"先想想什么是好的管教。'管教'这个词来源于拉丁文 disciplina，意思是'教导'。

"我们的工作其实很简单，就是教孩子学会自律。"

父亲说："你的意思是，我应该扮演导师的角色，而不是惩罚者的角色。

"那么我该怎么开始呢？"

"方法非常简单易学，用起来也只需要一分钟，所以我称它为'一分钟批评'。"

"什么？"父亲大吃一惊。他一直认为好的管教方法应该是非常复杂的。"医生，我不是想冒犯你，但这听起来实在太简单了，我担心这种方法对我的孩子不会起作用。"

"我理解你的顾虑。我也会对任何一种看起来过于简单的方法产生怀疑。

"不过，虽然我不喜欢向别人保证，但我可以肯定，只要正确使用这种方法，就一定能达到你的目的。"

这位父亲决定先把自己的怀疑放到一边。如果这种方法真的那么有效,那么他就找到了一直以来都在寻找的东西。

"首先要做什么?"父亲问。

"要先看看你想通过'批评'达到什么目的,然后才能决定做什么。"医生回答。

"在采取任何行动之前,你都要提醒自己:

> 我批评孩子时
> 想让他们既对自己的错误行为感到惭愧
> 又能保持很好的自我感觉

父亲想了想说:"这点非常有趣,孩子对自己行为的看法和他们对自己本身的看法是不同的,我从没想过这两者有区别。"

"听你这么说我很高兴。这就是大多数批评不起作用的原因。孩子和大人一样,被人指责时会把批评与自身的价值等同起来,从而产生抵触情绪。然后你觉得他们会怎么做?"

"会为自己的行为辩护。"父亲说。

"是的,一定是这样。"医生表示赞同,"即使我们知道自己的行为是错的,也一样会为自己辩护。"

"我的孩子就是这样。"父亲承认,"所以我一直想找到一种更好的方法。我该怎样开始呢?"

医生的回答非常具体:"你要把每个孩子都当作独立的个体来对待,跟他们私下交流。

"就算你对他们的行为非常生气,也一定要对自己的真正感受有清醒的认识,这一点非常重要。如果你爱你的孩子,就会同时有两种感受:真的很生气,也真的很爱他们。所以,你要把这两种感受全都说出来!

"在批评之前,请记住:孩子的行为是不好的,但他还是好孩子。这是成功的关键。

"然后,你要注视着孩子的眼睛,非常清楚地说出他都做错了什么,说得越具体越好,这只需要几秒钟。

"比如说'你回家太晚了!没跟我说你要去哪里,这可是这周的第二次了!'

"接着,你要明确地告诉孩子,他的这种行为带给了你怎样的感受。

"比如说'我对此很生气!非常生气!'

"如果你感到生气,就愤怒地表达这种生气。

"如果你觉得很恼火,就在语气里表现出恼火。

"'我觉得很恼火!恼火极了!'

"如果你感到伤心,就直接表现出伤心。总之,要毫不掩饰地表达出你的真实感受,要诚实、充满感情。

"在一分钟批评的前半分钟里,最重要的是让孩子明白你的感受。

"要让他们知道,你对他们的所作所为很不满意。不过只让孩子'知道'你不高兴还不够,还要让他们真切地'感受'到这一点。

"你像这样冲他们发一通脾气并不会伤害他们,只会帮助他们认识自己的错误。

"不过千万记住,孩子不是你的出气筒,"医生提醒说,"你不能对他们没完没了地发火。要让他们知道你的感受根本用不了多长时间。

"只需要半分钟,你就能明确表达出这种感受。

"然后,你要停一会儿……

"让孩子去感受你的情绪,最好让这种不愉快的沉默保持十几秒。

"在这段让人难受的时间里,孩子会觉得很别扭,他们不会喜欢这种沉默,或许也不喜欢这个时候的你。

"这时最典型的怨恨情绪就会产生。没有人喜欢被教训。不过,这正是你想通过一分钟批评的前半分钟达到的效果。要让孩子感到非常不愉快。"

父亲想了想医生刚才说的话,静静地说:"我不得不承认,虽然一分钟批评的前半分钟很短,但听你描述时,我都能感受到那种让人不舒服的气氛。"

"相信我,"医生说,"虽然这种批评不会用多长时间,但确实能让受批评的人非常难受。"

父亲点点头,又想了想,接着问:"那么接下来该怎么办呢？孩子们会因为挨批评而怨恨我，同时也会努力为他们的行为找借口，然后对我大发脾气。"

"接下来就是一分钟批评的后半部分，"医生回答，"这部分才是成功的关键。

"如果不做后半部分，批评就不会有效果。但如果做了，就一定会有效。你的孩子会自觉而主动地改善自己的行为，奇迹就会出现了。

"不过，我必须提醒你，"医生警告说，"在真正学会之后，你可能会觉得后半部分做起来很容易，但开始的时候可并不简单——尤其是你还不习惯这样做时。这种方法需要你在很大程度上改变自己的行为。"

"我明白，"父亲说，"不过我真的很想用更好的方法来管教孩子。接下来该怎么做？"

"在批评的前半分钟，你坦诚地告诉了孩子一个事实——你对他的行为感到生气、恼火或者伤心。

"现在，你应该深吸一口气，让自己平静下来。情绪稳定之后，看着你的孩子，用眼神和肢体语言告诉他，你始终站在他这一边。

"在接下来的半分钟里，你要告诉孩子另一个事实，也就是他在这个时候最想、也最需要从你这里听到的话：他是个好孩子，你非常爱他。

"我知道，要做到一分钟批评的后半部分相当不容易，但这部分确实非常重要。你的话应该发自内心，而且要尽量简短，比如说：'你今天晚上做得很不对，但你仍然是个好孩子！正因为这样我才会这么生气，像你这么好的孩子不该做那样的错事。我知道你是好孩子，而且我爱你——非常爱你！'

"说完，你可以轻轻地抱一抱他，让他知道这次批评已经结束了。事情一旦过去，就让它过去，以后也不要再提了。"

父亲回味着医生的话，觉得这么简单的方法竟会如此有效，真是神奇。"这实在让人很难相信。"

"我知道，"医生承认，"但是，你和孩子要想尽快达到你们的目的，就要尽快相信这种方法，并尽快应用它。这种方法在很多家庭中都得到了证明。"

"说到别的家庭，"医生继续说，"有的家庭也教给了我一些非常重要的事。"

"什么事？"父亲问。

"我刚摸索出这种方法的时候,是把它当成管教孩子的方法的。开始尝试时,情况也确实如此,而且效果非常显著。"

"那么后来呢?"父亲问。

"一段时间之后你就会发现,虽然表面上是在管教孩子,但实际上是在与孩子进行最有效的沟通。

"到时你就会发现,这种方法除了可以促进你跟孩子的沟通外,还有其他的用处。"

"你的意思是,"父亲插话说,"这也将成为他们跟我沟通的途径?"

"是的,孩子们肯定也有一些压抑在自己心里的困惑。"

"你是说,"父亲问,"我应该鼓励他们同样真诚地对待我?"

"没错,当然要等到你完全准备好之后。"医生回答。

"你可以在家里试试一分钟批评,看看它究竟能在多短的时间里改变家庭气氛,让一切好起来。等到能够熟练自如地运用这种方法以后,你就可以建议孩子们学着你的样子去做。

"运用这种方法的家庭都发现,自由平等的沟通才会带来最好的效果。

"当孩子们看到你可以在不攻击别人的情况下表达感受时,他们就会更愿意坦诚地说出自己的感受,而不会再粗暴冷淡地对你了。"

父亲说:"好!那我回去试试!"

他把学到的东西总结在本子上,就像已经在熟练运用这些方法一样。

一分钟批评

一分钟批评会非常有效,只要:

1. 事先告诉孩子,当我不能接受他们的行为时,就会批评他们。同时,我也鼓励他们同样坦诚地对待我。

批评的前半分钟

2. 在事情发生后立刻批评。
3. 具体指出他们做错了什么。
4. 明确告诉孩子,他们的行为带给了我怎样的感受。
5. 我沉默几秒钟,制造出让人非常不舒服的气氛——让孩子好好体会我的感受。

批评的后半分钟

6. 平静下来之后用肢体语言让孩子知道我始终站在他们这边。
7. 告诉孩子,虽然他们的行为不对,但我觉得他们还是好孩子。
8. 对孩子说:"我很爱你!"然后拥抱他们。批评完了,一切都过去了。不再提这件事。
9. 如果孩子有什么想对我说,我会认真倾听。
10. 虽然只用了一分钟告诉孩子我爱他们,但这一分钟带来的好处却可以让他们终身受益。

父亲站起身，同医生握手道谢。医生告诉他，在开始用一分钟批评的时候，难免会出现一些问题，因此，可以随时打电话来咨询。

在朝车走去时，他一直在想："这种方法虽然听上去很简单，但我知道，首先必须改变我自己的行为。这样一来，事情就没那么简单了！

"不知道我能不能在孩子面前表达出真实的感受，我一直觉得很难做到。

"而且，我不知道自己在明确说出他们的行为带给我的感受之后，还能不能平静下来。真希望我能记得说他们还是好孩子，告诉他们我有多爱他们。"这时，他想起自己小时候也非常喜欢听别人这么说。

可是，一想到要改变方法，他又觉得心里没底，变得焦虑起来。

最后他明白，为了创造一个更好的家庭环境，暂时忍受尝试新事物所带来的不适是很值得的。他知道自己必须试试看。

回到车上后，他开始在头脑中寻找一个"支点"——一个可以支持他开始尝试新方法的信念。

他很快写下一条重要的笔记。这是一个简单的肯定句。

当时他并没有意识到,这宝贵的第一课将引导他找到一个更完整的答案,就像他当初希望的那样。

他把这句话重复读了几遍:

自爱的孩子

更愿意自律

愿意倾听，孩子才会说给你听

回家之后，父亲把五个孩子叫到一起。他知道这样的家庭会议让大家很不自在，但他希望能借此机会来改善家中的状况。

"我想成为一个更好的父亲。"他坦白地说。

"而且说实话，"他笑了笑，"我希望你们也能成为更好的自己。

"过去我一直都在努力工作，"他说，"却忽略了生活中最重要的部分——你们！"

接着，他把一分钟批评的方法讲给孩子们听，也坦诚地回答了他们的问题。

他告诉孩子们，他小的时候就希望能得到这样的管教，但从来没有机会。

然后,他让孩子自己选择,当他们做错事时是像以前那样接受惩罚,还是接受一分钟批评。

两种选择似乎都不怎么吸引人,没有人开口。

"孩子做错事的时候对他们进行一分钟批评,"他想,"虽然是为了他们好,但不能强迫他们接受。"

父亲根据自己的工作经验得出这样的结论:如果某个决定将影响到表决人的切身利益,那么参加表决的人通常希望该决定能成功执行。

于是,他说:"把这当作打赌好了,你们要么赢,要么保本。如果这种新方法能让我们过得更开心,我们就赢了;如果不能,我们也没什么损失——一切都会回到老样子。"

十几岁的大儿子一脸不满。他先开口表态:"谁在乎呢?反正不会管用的。"

父亲说:"好吧,那我就照老样子来管教你,如果你真的愿意那样的话。"然后,他转过身问:"其他人怎么想?"

对于哥哥这种看什么都不顺眼的态度,其他几个孩子都已经厌倦了。"我接受新方法。"二女儿说。"我也是。"

大女儿下定了决心。九岁的小儿子小声问:"我可不可以看看情况再决定?"

父亲笑了起来。"好吧,"他假装生气地说,"我以后还是直接打你屁股好了。"

"哦,"小家伙急忙说,"既然这样,我想还是接受批评好一点儿。"

接着,父亲做了一件非常明智的事。他对孩子们说:"说实话,我不知道自己能不能做到。我不太擅长表达自己的感情,也从没见过我父亲在我面前表达他的感情。所以,我不确定能不能改变自己!"

大儿子说:"至少得试试!"

父亲不知道大儿子话里隐含的是对他的不满还是期望。不过,他觉得讽刺的是,刚才这个孩子还说不会管用,可现在却让他试试。

孩子们开始有些赞赏父亲了,因为他直截了当地跟他们说了一分钟批评的事,还给了他们自己选择的机会,并坦白地承认他可能会做不好一分钟批评。

这次家庭会议之后,父亲就开始对五个孩子中的四个采取一分钟批评的管教方法。

刚开始的时候,新方法遭到了每个孩子的抵触。他们都想尽办法,企图让父亲放弃这种费劲的管教方式。

父亲讲话时,他们要么面无表情地望着窗外,要么很不耐烦地盯着天花板——努力避开父亲的眼神。

甚至会神经质地大笑,对父亲讲的话不屑一顾。

刚会走路的小女儿则用小手捂住耳朵,紧紧地闭上嘴巴,好像要把周围的一切与自己隔绝开来。

小儿子最拿手的把戏是装模作样地不停看手腕,好像在给父亲计时——其实他根本没有手表。他知道自己正在接受一分钟批评,他也想让父亲知道他明白那是怎么回事。

当然,他们也试图走开,不再听父亲说下去。

但是,父亲一直在坚持。

不论孩子们用什么方法来削弱一分钟批评的效果,父亲都毫不泄气地坚持把自己的感受表达了出来。

不久,孩子们也开始明白自己做错事时父亲的感受——生气、恼火、伤心,或是别的什么。他们知道自己的行为令父亲难以接受,他们也不喜欢自己带给父亲的这种感受。

不过,最让人难受的还是批评的后半部分。当父亲平静下来,慈爱地抚摸他们的肩或拉着他们的手,说他们是很好的孩子,不该做出那样的事时,孩子们才觉得最难受。

最后,父亲会说出对他们的爱。这正是他们想听的。但是,他们的行为并没有什么改变,至少在刚开始的时候没有。

起初,孩子们会在一分钟批评进行到一半的时候跟父亲顶嘴。他们总能为自己做的事找到各种借口,而且想把每一个借口都说给父亲听。他们拼命地为自己的行为辩护,即使知道自己确实做错了。

每当他们顶嘴时,已经火冒三丈的父亲就会大声提醒他们:"我不是在跟你讨论,我是在告诉你我的感受!如果你不停打断我,那我就会一直说下去!"

孩子们很快就发现,不管他们做错什么,父亲都会把对他们错误行为的感受明明白白地说出来。

后来,他又做了一件事,显著地改变了家中的气氛。他鼓励孩子们在听完批评后,再找时间跟他聊聊,把想让他听的事情说个痛快。

通常，在孩子们好好想过父亲的话后，会发现他其实说得很有道理，也就不想再找他辩解什么了。

但是，如果他们过后真的来找他理论，他也会认真地倾听。他希望孩子们能认真地听他说话，也知道：

想要孩子们认真听我说话

最好的办法就是认真听他们说话

一分钟批评只进行了几个星期,父亲就发现,大部分孩子的行为都有了明显的改善。当然,变化不是瞬间发生的,他为了这小小的成功付出了辛苦的努力。

尽管医生告诉过他一分钟批评非常有效,可当真正看到孩子们身上发生的戏剧性变化时,他还是惊喜万分。

有一天,他好奇地问小儿子怎么看一分钟批评这种管教方法。

"我不太喜欢,"小儿子回答,"让人心里难受极了,而且很长很长时间都忘不了。"

父亲很惊讶,又问:"但是没有打屁股难受,对吧?"

"比打屁股难受多了,爸爸。我不喜欢那种感觉,就是那种觉得自己做错了事的感觉。而且这种感觉比屁股疼持续的时间长多了。我总是想着你对我说的话——我是个好孩子。"

这一刻,父亲知道自己找到了答案。

很快地,他不仅看到孩子们的行为有了明显的改善,而且感觉到和孩子们的关系也越来越融洽了。

显然,孩子们确实为做错事感到难受,但并不会因此而讨厌自己。不过,最让父亲高兴的,是孩子们跟他越来越亲近了。

孩子们渐渐明白了三件事：他们做错了事就得接受批评；他们都是好孩子；还有，父亲非常爱他们。

当然，父亲自始至终都是爱他们的。但是，在应用一分钟批评之后，他们的家庭生活确实变得更加和谐了。

他开始明白：

被爱和感觉被爱

是有很大的差别的

孩子们开始感觉到自己被爱,是因为父亲表达出了对他们的爱。

正如他所担心的那样,刚开始的时候,在愤怒之后立刻表达对孩子们的爱,对他来说无比困难。实在气极时,他会忘记跟孩子们说,他们是好孩子,还有对他们的爱。

不过,在做过多次之后,他就越来越得心应手了。

他可以明确而充满感情地表达自己对孩子做错事的不满,之后再平静说出对他们的爱,即使这事情是他无法接受的。

有了自信以后,他开始鼓励孩子们坦诚地向他表达感受。

渐渐地,他们一个接一个单独来找他倾诉自己的真实感受。他们确实各有不满和烦恼,而且全都毫不掩饰地告诉了父亲!

他们也会说出对父亲的爱,用力地拥抱他,有时候抱得久到让他觉得不好意思。不过,他真的很喜欢这种感觉。

最后,连叛逆的大儿子也来求助了。他遇到了有生以来最大的麻烦,除了父亲以外不知还能找谁。

他看到弟弟妹妹和父亲的关系越来越好,自己也想做出改变。

他决定试一试,就向父亲坦白了一切。

他把自己所做的坏事原原本本说完后就沉默了。他显然在寻求帮助。

父亲对这个叛逆的儿子束手无策。不知为什么,他觉得在大儿子面前说出自己的感受似乎更难一些。但他知道,孩子需要和想要的正是坦诚的交流。

迟到很久的一分钟批评终于开始了。

父亲注视着大儿子的眼睛,说:"你毁坏了别人的财产——彻彻底底地毁了!你明知道不该这么做!

"你的行为让我忍无可忍!我已经受够了!我非常恼火,简直火冒三丈!"

父亲的脸涨得通红,脖子上暴起青筋。

他要把累积多年的愤怒全部发泄出来。不过,他也没让自己的愤怒持续太久。他知道以后还有机会发火,虽然同样也不能太久。

他注视着儿子的眼睛,又很快地重复了一遍:"我非常生气!"

在接下来短暂的沉默中,大儿子感受到了父亲的愤怒。他一点儿也不喜欢这种感觉。

这一刻,他对父亲憎恨到了极点。他讨厌父亲对他说话的方式,同时想为自己做的事寻找种种借口。

就在他刚要开口反驳时,父亲深深吸了口气,然后轻轻地把手放在他的肩膀上,平静地说:"儿子,你应该知道如何做个更好的人,因为你本身就是个很好的人,比你的那种行为好。你必须赔偿你毁坏的东西。你可以做到。你是个好孩子。你我都知道这一点。你是个很好的人,正直而且诚实!"

父亲顿了顿,接着说:"我非常爱你。"然后他张开双臂拥抱了儿子。

儿子有点儿不知所措,他也抱了抱父亲,但很快就挣脱,走出了房间。

那天晚些时候,大儿子很痛快地同意赔偿自己毁坏的东西。几天之后,他主动来找父亲聊天,可还是有些不自在,只说了句"谢谢你,爸爸"就离开了。

父亲却从这一句简单的话里听出了很多东西。

他很快发现一分钟批评已经成了管教五个孩子的唯

一方法。

短短几个月的尝试达到了非常好的效果。现在,似乎每个孩子都变得愿意守规矩,甚至连他最常批评的大儿子都有了明显的进步——不仅在行为上,态度上也一样。

孩子们确实开始学会自爱了。

全家人都越来越喜欢家庭生活。父亲很希望自己能在妻子在世的时候就学会一分钟批评,那样,他们在一起的日子就会更加开心。

一切都进行得非常顺利,直到发生那次"超市事件"。

学会肯定孩子的努力

有一次,父亲带孩子们去超市买东西。最小的女儿坐在购物车前的儿童椅上。突然,她又哭又闹地要父亲把所有"好东西"都放到购物车里,还伸手去拿附近货架上的东西,一个劲儿地往购物车里扔,一边扔一边大声哭叫。

父亲觉得孩子的哭叫声简直比指甲划黑板的声音还让人难受。他把这种感觉告诉了小女儿。

他生气地看了一眼小女儿,说:"你要挨批评了,小家伙!"可是,小女孩却笑了起来,高兴地说:"批评我呀,爸爸!批评我呀!"

父亲暗想:"这样可不行。她应该努力避免被批评才对,怎么现在反倒想被批评了。"

父亲很不安，只好把小女孩推到外面，简单有力地批评了她几句。

小女孩很快就变乖了。她放松下来，开心地拥抱了父亲一下。这一整天她都很乖。

父亲却很困惑。"我究竟哪里做错了？"他问自己。

他开车带几个孩子和一大堆吃的东西回家。一路上，孩子们都争相吸引他的注意力。可是，他却一直在想自己的心事。

"肯定还有更好的办法，"他想，"我可不想除了批评之外对孩子束手无策。我一定能想出更好的方法来跟他们相处。"

不过，他不得不承认，自从用一分钟批评这种快速而有效的方法来管教孩子之后，他确实比以前轻松了不少。

"不过，"他想，"肯定还有更好的办法。当个好家长可不仅仅是'管教'这么简单。

"我希望我的孩子们不只是循规蹈矩，还要有自信，能成功发挥各自的长处。可是我该怎么做呢？"

他一边开车一边想。

突然，前面一辆车保险杠上的贴纸吸引了他的目光：

你今天拥抱孩子了吗？

父亲惊讶地发现,这句话给他的第一反应是"没有……除非……到了一分钟批评的最后一步"。

然后,他终于明白了孩子们的意图。他明白了大儿子为什么最近闯的祸越来越严重,也知道了小女儿为什么要在超市里大吵大闹。

"要吸引我的全部注意,"父亲突然想通了,"这就是最好的办法,而且肯定能得到我的拥抱,听到我对他们说'我非常爱你',虽然只有一分钟!"

同时,他还意识到了一件事。那就是当孩子们都表现很好的时候,他没有任何表示。

没有!什么都没有!

这时一个孩子突然在车里闹腾起来,引起了父亲的注意。

他看了看孩子们,然后笑了起来。

"你笑什么呢,爸爸?"大女儿问。

"我刚才想到了一件有意思的事,"父亲回答,"关于我自己的事。"接着,他向孩子们保证说:"等会儿讲给你们听。"他知道自己一定会讲的。

随后,他又陷入了沉思。他一开始想为自己辩护。"为什么孩子没做错事时,我也一定要做些什么呢?"他想,"他们本来就应该规规矩矩的。我小时候表现很好时,我的父母也从来没有过任何表示。"

接着,他想到了一个很棒的方法。

他决定,从明天开始,孩子们不用非得做错什么才能引起他的全部注意。

周末才刚开始,他还有很多时间开始自己的计划。

到家后,父亲看见两个大女儿正在院子里玩,他突然知道了要做什么。

他开口时两个女孩都吓了一跳。"姑娘们,快过来!"

她们互相看了看,仿佛在问:"我们做错了什么?"然后很不情愿地走到了父亲跟前。

在过去的几个月里,孩子们感觉跟父亲亲近多了,而且越来越爱他,但对他的畏惧仍然没有完全消失。

"我刚才在看你们,"父亲说着,拍了拍两个女儿的肩,"我看到你们拿出自己的东西给对方玩。"

两个女孩相视一笑。

父亲也笑了,接着说:"我想告诉你们,这让我有多高兴。有两个这么慷慨的女儿,实在让我骄傲。真高兴我们是一家人！"

父亲分别轻轻地拥抱了她们，然后说："我非常爱你们！"

之后两个女孩看着父亲，可他没再说什么。她们慢慢地转身离开，仍然不太明白究竟是怎么回事。但她们的脸上露出了微笑，这种感觉好极了。

孩子们不知道，他们的父亲在开车回家的路上已经做出了一个决定：要努力发现孩子们做对了什么。

一旦发现孩子好的行为，他就会对他们进行"一分钟称赞"——是他自己发明的。这将成为他送给孩子们的礼物，而且是经常性的。

看到两个女儿的反应，父亲笑了。他很高兴这么快就能实践自己的决定。他想："看到她们这么吃惊，我真想知道大儿子会有什么反应。"

虽然他仍然不太喜欢大儿子的某些态度，但不得不承认，造成这种态度的原因之一就是他自己——他有很长一段时间都忽视了大儿子。

他不想絮絮叨叨地为以前的事道歉，也不觉得儿子态度恶劣完全是自己的责任。

实际上,他已经就这件事对儿子进行了多次有效的批评。同时他很清楚,儿子本质上是个好孩子。

他知道,要等儿子主动做一件好事,恐怕需要很长时间。所以,他决定努力去发现儿子做对了什么。

他一边等待称赞儿子的时机,一边思考自己正在做的事:

> 我要通过发现孩子们做对了什么
> 来帮助他们意识到自己本来就很棒

没过多久，大儿子走进了父亲的房间。除了在批评过后偶尔聊聊，父子俩很少交谈。

"能把车借我用一下吗？"男孩生硬地问。"爸爸"和"请"这类词仍然没有进入他的词典。

"当然可以。"父亲的回答大大出乎孩子的意料。

父亲知道，接下来自己要做的事肯定会让儿子难以置信——至少刚开始会这样，但是他仍然决定直截了当地对他说出自己想说的话。

"简单的真话最有说服力，"父亲在心里提醒自己，"只有真话才能让他信服。"

于是，父亲走到儿子面前，轻轻地拍了拍他的肩。"谢谢你来找我，儿子。

"在借东西之前征得主人的同意，这样做很好。有些孩子会一声不吭就把车开出去，那样做常常会带来麻烦。而你却来问我可不可以，你做得非常好！"

开始时，男孩还有点儿不知所措，只含糊地说了一声："谢谢！"

父亲微笑着拍了拍儿子的胳膊，说："我非常爱你。"说完，他坐回自己的椅子。整个过程只用了不到一分钟。

男孩离开房间的时候,回头看了看父亲。

一分钟称赞就这样悄悄地开始了,到第二天晚上,五个孩子都发现了父亲的变化。但他们不知道这究竟是怎么回事。

晚饭后,父亲把所有的孩子叫到一起,说:"我猜你们很想知道这是怎么回事。"

"是的!"小儿子回答。

"好吧,那就让我来告诉你们。"父亲说。

他对大女儿说:"记得吗,亲爱的,那天我们开车回家的时候,你问我在笑什么,我当时说想起了一件有意思的事——关于我自己的。"

"记得,"她很高兴父亲居然记住了自己的一句话,"你还答应要讲给我们听。"

"是的,那天我开车的时候一直在想,你们表现好的时候,我其实没怎么注意你们;只有在你们做错事的时候,才会注意你们。"

说完父亲笑了笑:"就在我想这些事情的时候,你们中的一个人就开始淘气了。"

孩子们也笑了,有一个还忍不住大笑起来。

"当时我也笑了,"父亲继续说,"因为这刚好说明了我们家的问题。我没有关注你们的时候,你们都做了什么?"

"我开始跟弟弟吵架。"一个女孩承认。

"你们愿意我在你们表现好的时候给你们一些关注吗?"

"那太好了!"刚才说话的女孩说。

大儿子也小声嘟囔道:"早该这样了。"声音很小,不过大家都听到了。

父亲不满地看了大儿子一眼。

"对不起,"男孩嗫嚅着说,"我很抱歉。"

全家人都吓了一跳:这是他第一次礼貌地跟父亲讲话。他已经有所改变了。

父亲笑了,点点头表示感谢,然后说:"儿子,其实你说得没错,确实早该这样了。

"我还觉得,现在你们之间相处的时候也该相互体谅,"父亲说,"你们希望别人怎样对待自己,就该怎样去对待别人。

"外面的世界已经够残酷了,我们没必要在自己家里还闹得不可开交。

"如果我们在家里努力去发现别人做对了什么,那么大家就会相处得更好!"

没有人出声,但是每个人都在默默赞同。

"如果我们知道自己做得怎么样,就可以过得更轻松、更开心,"父亲说,"所以,以后不管你们表现得好还是不好,我都要尽量让你们知道。"

"如果我对你们的行为不满,我会清楚地告诉你们。"父亲说。

"你直接说我们好了!"小儿子说。

大家都笑了起来,父亲也笑了。"最近我做这件事还挺在行的,不是吗?"

"是的,"大女儿说,"你做得很好,爸爸。说实话,这样做对我们确实有帮助。"

她上前抱着父亲说:"我爱你。"大家都没说什么,但每个人都能感受到房间里充满了爱的气氛。

最后,父亲说:"谢谢你,亲爱的。这让我感觉很好。你知道我也喜欢被人称赞。爸爸也是人!"

这倒是孩子们从来都没想过的问题。

小儿子笑着说:"爸爸,我喜欢你这个主意,我喜欢一分钟称赞。"

说完,他走到父亲面前,用小手够着父亲宽大的肩膀,注视着他的眼睛,说:"你现在跟我们说话比以前多了。实际上,你把我们当作大人来对待了。我想告诉你我的感受。我觉得好极了!"

孩子们都笑了起来,连大儿子也不例外。他们都听出来这是一次一分钟称赞。大家都喜欢这种感觉。

接着,小儿子又轻声说:"我也爱你,爸爸。"说完他紧紧地抱住了父亲。

父亲感觉被勒得够呛,但很小心地没让孩子们发现。缓了一口气后,他才笑着说:"谢谢你,儿子。我需要的就是这个。"

父亲还没学会让孩子们看到自己最深的感情。他知道,自己常常不能像心里希望的那样在孩子们面前表露感情。但他也有做到的时候,而且现在做到的概率越来越高了。

孩子们都能明显感觉到他的努力,因此也越来越喜欢他了。

父亲非常庆幸自己的决定：积极地去发现孩子们好的表现，然后给他们一分钟称赞。

他回想起孩子们当初有多么喜欢一分钟批评的后半部分。

他觉得很有必要总结一下目前学到的东西。

一分钟称赞

一分钟称赞会非常有效，只要：

1. 事先告诉孩子们，如果他们做了让我高兴的事情，我就会称赞他们；也鼓励他们用同样的方式对待我。
2. 努力发现孩子们好的表现。
3. 具体说出他们做对了什么。
4. 然后告诉他们这些行为带给了我怎样的感受，以及为什么让我这么高兴。
5. 沉默片刻，让他们静静体会我的心情。
6. 接着告诉他们我多爱他们。
7. 最后，给他们一个拥抱，至少拍拍他们，让他们知道我关心他们。
8. 称赞要简短而温馨，而一旦结束，就让它过去。
9. 称赞孩子虽然只需要一分钟，但是带给他们的良好自我感觉却会让他们受益终生。
10. 我知道这样做对我和孩子们都有好处。我觉得自己是很棒的父亲。

目标切合实际才会让孩子更自信

几个月过去了,"一分钟父亲"(这是孩子们对他的爱称)开始为孩子们感到自豪。

五个孩子之间相处得也很不错。他们看起来比以前更自爱了。

父亲很高兴自己和孩子都能在彼此尊重的前提下,给予和接受一分钟称赞与一分钟批评。自从彼此之间的沟通改善了,家里的每个人,包括父亲在内,都更开心了。

他们已经成了快乐的一家人。

一天晚上,父亲坐在客厅里一边休息一边想心事。刚才,他看女儿做作业的时候突然想到了一个问题——人们如何进行思考。

他在事业上非常成功,丰富的工作经验告诉他,参与感可以很好地调动人们的积极性。"可是,怎么才能让孩子们更主动地去经营他们自己的生活呢?"他想。

他知道,如果能找到一种正确的方法,那么他和孩子们都会生活得比现在更轻松。

这时,他想到一个非常简单的道理:

目标引发行为

结果巩固行为

父亲注意到,自己一直在强调孩子们行为的结果。

但是,想想那些成功人士,他们身上都有一个共同点:目标明确。他们知道自己想从生活中得到什么。

父亲想:"大多数的成功者都清楚地知道自己想获得怎样的成功,不论他们对成功是怎么定义的——爱情、财富、心境,等等。他们对自己最终想得到的东西都有着非常明确的认识。"

他在经济上获得了成功,也曾研究过目标设定在工作中的巨大推动作用——却从没有想过把它应用在家庭生活中。

他知道,不管是体育、经济、艺术还是在其他领域,大多数取得最高成就的人,都为自己制定了非常具体的奋斗目标。

那些小有成就的人也有自己的目标,只不过他们没有把目标写下来或不够具体化。这些人也是成功的,但这种成功和那些最高成就比起来显得微不足道。

绝大多数人根本不知道自己的目标是什么,因此他们从生活中获得的乐趣也比以上两种成功者少得多。

这时,父亲想起了帕累托的"二八定律"。十六世纪的经济学家帕累托发现，在意大利，20%的人拥有整个国家80%的财富。在对其他不同经济状况、政治模式和社会结构的国家考察之后，他也发现了同样的现象。

"当今社会依然如此，"父亲想，"少数人得到了生活的大部分好处：爱情、友谊、物质保障，等等。

"虽然几个世纪以来世界都是这样，但如果一个人能从一张饼上分得四块，而另外四个人总共只能分得一块，这就不是很公平了。"他想得入神。

这时，二女儿走进客厅，问他："能辅导一下我的英语吗，爸爸？"她的数学和自然科学成绩很好，但是在人文学科上却有些吃力。两个月以前，她怎么都不肯承认这一点。不过现在因为更有自信了，所以决定努力弥补自己的不足。

父亲花了半个晚上的时间，教她如何自学。

女儿离开后，他明白了一件事："每个人都有强项和弱项。"

至少他知道，比起管理家庭，他更擅长处理工作上的事务。不过，他正在努力改变这种状况。关于孩子的问题，他比以前考虑得更深入了。

他不想让孩子们成为时时言听计从、处处循规蹈矩的小大人。在"做个好孩子"的幌子下，有太多孩子失去了他们与生俱来的天分和活力。他还发现，世界上一些最有趣的人曾经就是那种"让人头疼的孩子"。

他越想越着迷，反复思量 behave（意为"守规矩"）这个词：behave ... behave ... be（意为"成为"）... have（意为"有"）。

"成为什么？"他思考着，"有什么？"

"我希望我的孩子们成为他们希望成为的人，并且对自己和生活都抱着积极的态度。

"良好的人生态度就是家长能给孩子的最好的礼物。"他下定了决心。

这时，父亲突然明白了自己在做什么。他笑了起来——自嘲地笑着。"我正在替他们考虑什么对他们有好处。这件事应该由他们自己来做，而不是我。"

他的思绪又被打断了。这次来的是大女儿。"爸爸，这个周末我们能请威尔逊家来做客吗——只有威尔逊家的孩子？"

父亲想了想，那就是说，从星期五晚上到星期天晚上，家里会多出四个孩子。

女孩看到父亲在犹豫,就说:"我们是亲戚,应该常在一起玩。这很重要,爸爸。"她很清楚怎么说服父亲:"家庭"是他现在最重视的东西。

父亲同意了她的请求。他也挺喜欢兄弟家的几个孩子——有的时候。不过,现在的问题是:怎样让九个孩子在同一个屋檐下和睦相处?而且是整整一个周末。

到了星期五晚上,父亲已经做好了一切准备。客人们一到,他就把所有的孩子叫到一起,要跟他们开个会,讨论"目标设定"的问题。

"你们大家都想过一个愉快的周末,都不希望我老在你们身边指手画脚。所以,我有一个主意。你们每人去拿一张纸和一支笔。"

孩子们回来以后,他问:"你们希望怎么过这个周末?"

孩子们七嘴八舌地说了起来。父亲让大家安静,然后说:"我想让你们每个人把自己的周末愿望写在纸上。"孩子们照他的话做了。然后,他们围着桌子坐下来,轮流读出了自己的周末愿望。他们很快就发现,自己列出

的事多得够做一年,最后大家只好把愿望筛选了一下:

1. 过得很开心;
2. 有一个晚上可以很晚睡觉,大家一起聊聊天;
3. 做饼干和爆米花;
4. 去看电影;
5. 去一次游戏厅;
6. 有一个晚上露天过夜;
7. 在院子里烧烤。

读完这些,父亲说:"现在我们已经有了一部分周末愿望,下一步就是征得所有人的同意去实现这些愿望。我先说,除了露天过夜,其他的愿望我都赞成。你们说说笑笑、吵吵闹闹的,肯定会打扰到邻居。"

一个年纪大点儿的孩子提议:"如果我们很小声地说话,然后安静地睡觉,可以吗?"

"要是那样的话,我就没意见了,"父亲回答,"这样一来,我们就得把这个愿望改成'有一个晚上露天过夜,很小声地讲话,然后睡觉'。请把这个写下来。"

写好后又有一个孩子问:"你刚才说我们'有了一部分周末愿望',其他的愿望是什么呢?"

父亲反问:"如果你是一位家长,当家里有九个孩子的时候,你会有什么愿望?"

孩子们面面相觑,都不说话。一位小客人率先打破了沉默:"在你打电话时保持安静?"显然他在家的时候听人这么说过。

"非常好。请把它写下来——写在同一张纸上。"

就这样,孩子们又想出了不少好主意,其中包括:

1. 在别人打电话的时候保持安静;
2. 把自己的睡袋收拾好;
3. 把用过的东西整理好;
4. 把垃圾拿出去扔掉;
5. 洗碗;
6. 自己铺床;
7. 跟其他人分享自己的东西;
8. 不打架,和睦相处。

"祝贺你们,"父亲对大家说,"你们已经设定了自己的'一分钟目标'。"

"什么?"有几个孩子不解地问。

"你们已经在头脑中描绘出了希望发生的事,而且做得非常好,你们的目标都很具体,很现实。"

"为什么要把它们叫作一分钟目标呢?"孩子们很好奇。

"我来告诉你们,"父亲回答,"读一读你们所写的,然后把那张纸翻过来。我来给你们计时。"

小点儿的孩子读的时间稍长一点,等大家都读完了,父亲说:"你们把所有的目标读完只用了一分钟。"

"所以它们就叫一分钟目标,是吗?"一个孩子问。

"是的,而且这一点很重要。"接着,父亲又让他们把下面的话写在那张纸的背面:

> 我用一分钟
>
> 看看我的目标
>
> 再看看我的行为
>
> 对比两者是否相符

"我懂了,"一位小客人说,"你想让我们用一分钟来看看我们的目标,然后再看看我们是不是像自己真正希望的那样去做了。"

"差不多是这个意思!"父亲说。

"我们越是经常在头脑中重温自己真正想要的东西,就越有可能得到它。

"不过,你们要明白一点。究竟是我想让你们得到你们想要的东西,还是你们自己想要得到那些东西呢?究竟是我想让你们用一分钟重温自己的目标,还是你们自己想要这样做呢?你们究竟是在为谁做这些事情?"

孩子们都笑了,大声回答:"为我们自己。"

这时候,大儿子说话了:"我觉得我们自己现在应该来开个会,决定怎么分配工作。我们可以做到。"

父亲没有看到他们把会议的决定写下来,不过会后一切都进行得很顺利——至少大部分时间都很顺利。

第一个晚上,有两个男孩在院子里过夜时说话声音大了些。父亲把他们叫进屋子,单独对他们进行了一分钟批评。后来,两个孩子的表现一直很好。

周六和周日早上,父亲把孩子们叫到一起,让他们很快地重温目标,同时检查各自的行为。

听到自己的孩子兴致勃勃地对小客人们进行一分钟称赞和一分钟批评时,父亲觉得很有意思。

他知道,过不了多久,这些小客人也能学会对小主人们明确地表达自己的想法了。

他很为孩子们高兴。因为他知道,这样坦诚的沟通会让他们之间的关系变得更加亲密。

实际上,这个周末成了孩子们很久以来过得最开心的一个周末。小客人们离开的时候,不止一次地向主人道谢,为此骄傲的父亲也给了自己一个一分钟称赞。

他在这个周末里同时尝试了一分钟目标、一分钟称赞和一分钟批评,也看到了这些方法是多么有效。

度过这个成功的周末之后,父亲又向孩子们介绍了"我的目标"。

"还记得我们是怎么一起设定目标的吗?不过那些都是我们大家的目标——是两个或更多的家庭成员共同认可的目标。现在你们想不想专门为你们自己做一件事呢?"

"听起来不错。"孩子们都很感兴趣。

"那么你们就把希望发生在自己身上的事情写下来，要写得就像这些事情正在发生一样。还有，别忘了写上你们希望这些事情发生的时间。

"比如可以这样写：'我要身体很健康。到五月五日，我已经养成了健康的饮食习惯，而且每天都慢跑三英里。'"孩子们很快学着父亲的样子写出了自己的各种目标，其中有：

> 我成了拉拉队员，每天参加训练。最后的选拔在三月十一日。
>
> 我对自己的感觉非常好，总能发现自己做对了一些事。在五月一日之前，我就能获得这种良好的自我感觉。

当父亲看到这些写着孩子们梦想的纸条时，他突然意识到原来自己和孩子们都学会了更愉快地相处。

他把自己的心得总结如下：

一分钟目标

一分钟目标会非常有效,只要:

1. 作为家庭成员,我们有一些明确的共同目标(我们的目标),每个家庭成员也有各自的目标(我的目标)。
2. 我们都努力执行共同的决议,这样大家都会感到从家庭中得到了自己想要的东西。
3. 每个人都在一张纸上用大约二百五十字写下各自的目标——只要一分钟就可以读完的目标。
4. 这些目标非常具体,说明了我们分别想在什么时候做到什么事情,比如"我实现了……我正在……到……时候就能实现"。
5. 每个人都经常重温自己的目标,使之成为习惯——一种思维方式。
6. 不时抽出一分钟,对比自己的目标和行为,看看两者是否相符。
7. 鼓励孩子们也这样做。
8. 一家人每周都会在一起愉快地重温我们共同的目标,看看大家有没有进步。

一些孩子还有秘密的个人目标,因为他们担心人们认为那些目标对他们来说遥不可及。父亲尊重他们的决定。

不管目标是什么,现在每个孩子都觉得自己更能掌控生活了。对他们来说,满足家长的希望已经不是很重要了。

他们开始学会对自己的生活负责任,而且还乐在其中。

甚至连最小的孩子也会用笔画出自己的目标。

父亲开心极了。一分钟目标、一分钟称赞和一分钟批评的方法已经不是他一个人的方法了,也成了孩子们的方法。

对这位一分钟父亲和他的孩子们来说,家庭生活已经变得越来越愉快了。可是,另一个家庭却并不像他们这么开心。

2

第二位父亲

同时,在城市的另一边,一位年轻的父亲和他的妻子也在寻找教育孩子的方法。

他们讨论很久后达成一致:两个孩子越来越难以管教。谁都不听父母的话,也不体谅父母的苦心。他们不仅在学校表现不好,还经常给邻居添麻烦。

妻子的一贯管教方式是对孩子们说:"等你们的爸爸回来,你们就会后悔的。"

其实为父亲回家而惶恐不安的孩子们并不知道,对他们的父亲来说,回家就像回到了自己的"城堡"一样——一个与世隔绝的宁静城堡。

他在工作中遇到了不少的麻烦和困难,所以非常渴望回到家时能够享受片刻的平静和安宁。但现实是一回到家,妻子迎接他的第一句话往往是:"亲爱的,我不想让你心烦，可你知道孩子们今天都干了些什么吗？我希望你能去好好管管他们！我一个人根本应付不过来。"

他们不希望自己的孩子长大后像那些无法无天的年轻人一样举止粗暴，任何人都不放在眼里。

于是，年轻的父亲只好责打孩子。如果不管用，他就打得更厉害些。但他很不喜欢这种方法。

他时常想起一个笑话，一位父亲威胁儿子说："如果我再看到你打弟弟，我就狠狠地揍你……"

观察了周围的邻居后，夫妻俩感到更加泄气。因为他们发现，许多家长面临着和他们一样的问题，也和他们一样困惑——既不知道该给孩子多少自由，也不知道要管束孩子到什么程度。

没有人告诉过他们该如何为人父母。实际上，他们也根本没有好好想过这个问题。不过现在，他们已经意识到自己必须学习了。

年轻的父亲说出了自己的困惑，邻居们纷纷表示深有同感。"现在跟以前不一样了，"许多人说，"一切都变得太快了，等我们学会了现在的规则，孩子们却早已改变了他们的规则。天知道这些孩子到底想要些什么！"

年轻人很理解其他父亲的感受,他知道自己不是唯一感到困惑的人,这多少给了他一些安慰。

但是,家里的问题却越来越严重。教育孩子给他和妻子的婚姻带来了巨大的压力。

并且,不愉快的家庭生活很快开始影响他的工作。

最后只好向专家求助。他听取了婚姻家庭问题顾问、心理咨询师、社工、儿童专家和心理学家的建议,也学到了一些看似有用的零碎知识。但他依旧困惑不已。

孩子是家长的镜子

这个时候,年轻人的一位好朋友对他说起住在附近的一个人。这个人虽然也遇到过一些问题,但最终把五个孩子都教育得非常出色。

最棒的是,他自己发明了一套简单、有效、易学的"一分钟教育法"。而且他很愿意和其他父母分享这套方法。于是,年轻人拨通了这位父亲电话:

"说实话,我觉得非常困惑。如果能登门拜访,跟你好好聊聊怎么做个好父亲,我将非常感激。"

"没问题,"一分钟父亲说,"星期六上午过来吧,我很高兴能帮上你的忙。"

"不过,有一个条件。"他补充道。

他笑着说:"别担心,我保证你做得到。我要告诉你的方法非常简单,以至于有些人很难相信它们真的有效。

"我想请你在家里尝试这些方法几个星期后再对它们下结论。这就是我说的条件。"

年轻人同意了。

星期六上午,年轻人开车来到一分钟父亲的家,气派的房子给他留下了深刻的印象,他想:"显然这个人很成功,怪不得他能成为一位好父亲。他大概比我聪明得多。他……"

年轻人停止了这种想法,决定不再看低自己。因为他记得自己的父亲以前就总是这样,而他想要改变这一切。

在门口迎接年轻人的是一位头发灰白、体格健壮的男士,明亮的眼神能让人感觉出他的快乐。

"请进,"主人招呼他,"很高兴你能来。"

"是吗?"年轻人有些惊讶。

"是的。说实话,我高兴的是有人像以前的我一样困惑,而且一样渴望找到更好的方法来教导孩子。我自己摆脱这种困境也是不久之前的事。"

"你?你也有过同样的经历?"

一分钟父亲微笑着回答:"我之前对很多事情都很在

行,但却在怎么做个好父亲这件事上很无知。就像威尔·罗杰斯所说:'我们都是无知的,只不过让我们感到无知的是不同的事物。'"

听到这番话,年轻人心里轻松多了。

他慢慢说出了自己最担心的事:"我不知道……好像我的一举一动都要非常恰当,否则就会伤害到孩子。有时候我觉得,只有一个完美的人才能当好家长。"

一分钟父亲笑了起来,说:"幸运的是,事实恰恰相反。每个父亲都会犯错,就像他在生活的其他方面那样,无法做到尽善尽美。而他的孩子也会明白这一点的。"

"那你犯错的时候,"年轻人问,"会怎么做呢?"

"过去,我总是试图掩饰。不过,现在我做的第一件事就是承认自己犯了错。我的孩子们都很赞成我这么做——承认错误。

"这意味着他们可以和我一样犯错。

"然后,如果这个错误不是很严重——大多数时候都不会是什么大错——我就一笑而过。"

"一笑而过?"年轻人吃惊地问。

"没错!将自己的愚蠢付之一笑,同时也教你的孩子们这样做。

"不管什么人,只要能诚实地面对自己,做了错事之后立即承认,然后对自己的缺点一笑置之,那么他就永远不用担心自己会精神崩溃。"

年轻人点了点头:"听起来这种方法可以减轻生活中的很多压力。"

"是的,"一分钟父亲说,"犯错之后马上承认错误,比等到你改正了那个错误之后更能减轻压力。

"你根本没有那么多时间去做所有想做的事,更不用说把一切做得完美无缺了。当然也包括成为一位好父亲这件事。"

年轻人点头表示同意,又问:"那我该怎么办呢?"

"听我说,首先,对于教育孩子这个问题,我并不是无所不知的,"一分钟父亲提醒说,"我只是比较幸运,知道一点点窍门罢了,你和其他家长完全可以学会,并用它们来彻底改善你们的家庭生活。"

"世界上有多少家长,大概就有多少种教导孩子的方法,"一分钟父亲说,"只不过对我来说,下面这个方法更加有效:

我用这种方式对待孩子

是要让他们知道

我爱他们

"这个方法听起来非常好。"年轻人若有所思地说。

一分钟父亲提议说:"我还是不直接把方法告诉你好了。先跟你说说我都做了些什么,然后你根据自己的判断来选择最适合你们家庭的方法。"

"好啊,"年轻人同意,"我洗耳恭听。"

"不过,在告诉你我做了什么之前,你应该明白一点,就是我并不是一直在做这些事。"

"什么?"年轻人有些吃惊。

一分钟父亲耸了耸肩,坦白承认:"我和其他家长一样,虽然知道该怎么做,但并不一定总能做得到。

"不过,当我能做到的时候,情况确实会好转。

"要告诉你的是,我已经不再为教育孩子要花时间而担心了。我总是尽量多花时间跟每一个孩子在一起,当然这需要平衡我用在工作和娱乐上的时间。"

年轻人微笑着说:"很高兴听你这么说。我第一次听别人说起你,称你为'一分钟父亲'的时候,还以为你为孩子做任何事都草草了事——也就是说,你跟孩子相处的时间非常少。"

一分钟父亲也笑了起来。"你这样想并不奇怪。

"重要的是明白这一点:自从我学会了这三种简单的沟通方法——运用每种方法只需要一分钟——我跟孩子们相处的'每一分钟'都变得更有效了。

"不过,在讨论这三种具体的方法之前,我必须强调:首先,我会跟每个孩子单独相处——即使只有几分钟,而且我从来不拿孩子们作比较;其次,跟孩子相处时,我会全心全意地投入,努力把所有精力都放在孩子身上。"

"也就是说,你在那一刻是完全投入的。"

"没错。现在我在家的时候,只会考虑家里的事情。工作的时候,我也会完全专注于工作。这样做对家庭和工作都有好处!"

年轻人说:"是啊,我的朋友告诉我,你在家庭上也和其他方面一样成功。这肯定让你感觉很好。"

"确实很棒,"一分钟父亲骄傲地说,"特别是我的孩子也在体验这种成功。

"自从我和孩子明白了下面这个道理,一切问题都迎刃而解了:

> 作为家长，我的主要目标是帮助孩子建立自尊和学会自律

"为了实现这两个目标,"一分钟父亲接着说,"我吃了不少苦头,后来才明白能欣赏自己(即自尊)的孩子会自觉地自律,而且完全是为了自己。

"如果他们对自己非常在意,就会主动想要照顾好自己。而照顾自己的最好方法之一就是自律。"

"这就是三种一分钟沟通方法对孩子们的帮助吗?"年轻人问。

"基本上可以这样说,"一分钟父亲回答,"另外,它们还能带给孩子们更多帮助。"

他又补充道:"实际上,我的孩子们现在都在用这三种方法跟我沟通,他们之间也这么沟通。"

应年轻人的请求,一分钟父亲详细解释了一分钟目标、一分钟称赞和一分钟批评。

年轻人听得非常认真。

听完后,他略有迟疑地说:"它们对我或许也会有用。"

"听起来你不大肯定。"一分钟父亲说。

"我确实不能肯定。"年轻人承认。

"如果我知道这三种沟通方法为什么会如此有效,或许就能对它们更有信心。

"究竟为什么一分钟目标、一分钟称赞和一分钟批评能使孩子们更喜欢自己,并学会自律呢?"

如何确立目标

"你想知道一分钟目标为什么会对孩子有这么大的帮助吗?那我们先来看看人的大脑是如何活动的吧。"一分钟父亲建议,"大多数科学家都承认,人的思维分为两部分。"

"一部分是有意识的思维,"年轻人接过他的话说,"另一部分是潜意识思维。也就是说,人们能意识到自己的一部分思维,对另一部分思维却察觉不到。"

"是的。人的思维中最强大的部分就是潜意识。或许我们没有注意到,但正是潜意识记录了我们看到和听到的一切。

"最奇妙的是,潜意识不会过滤信息,只会没有分别地全部吸收。它还是我们信念的基础,一种信息只要足够频繁地进入我们的潜意识，它就会成为我们的信念。"一分钟父亲说。

"就像小的时候，人们经常告诉我们什么，我们就会相信什么，"年轻人说，"即使我们可能知道那不是真的。"

"一点儿也不错。你大概也知道，有一些孩子，别人总说他们又蠢又笨，结果他们就渐渐相信自己真是那样。"

年轻人想起了自己的童年。"然后他们就会表现出又蠢又笨的样子。"

"是的，"一分钟父亲继续说，"当孩子们对某种说法信以为真，并按照那样去做的时候……"

"……那种说法就会变成真的。"年轻人接上了后半句。

"而这一点，"一分钟父亲说，"就是一分钟目标之所以有效的基础。因为通过这种方法，人们可以很容易地将自己想要的东西放进他们的潜意识里，并一遍遍地重复，直到他们对此深信不疑。

"就像我们刚刚说过的那样，当你相信一件事情之后，就会把它当成真的去做。"

"如果这些目标不切实际怎么办?"年轻人好奇地问。

"这就是一分钟目标的高明之处了。潜意识没有过滤信息的能力,它会让一切进入。它并不知道哪些东西是现实的,哪些是不现实的。只有有意识的思维才能进行高水平的判断。"

"我还是不太明白。"年轻人坦白道。

"我来给你打个比方。"一分钟父亲说。

"想象一位农夫在田里播种。肥沃的土地就像人的潜意识,它并不介意你在种什么东西——可能是有营养的玉米或小麦,也可能是有毒的颠茄。土壤会滋养你种下去的任何东西,因为对它来说任何东西都一样。"

年轻人现在明白了:"我们的潜意识也会这样做。"

"对极了!现在你知道一分钟目标为什么会有用了吧?"

"因为……"年轻人若有所思地说,"你可以用很短的一分钟反复温习你的目标……这样它们就会很容易进入你的潜意识……最终让你相信它们都是真的……从而采取相应的行动。"

"总结得非常好,这就是一分钟目标对我们和孩子们都会有用的原因。"

"这就是全部的原因吗?"

"还不完全是。"一分钟父亲微笑着说,"不过现在我们应该记住一句话:

我们想成为什么样的人
就会成为什么样的人

"这个想法太妙了!"年轻人说,"我想我会把这句话用在我自己身上!"

"你这么说真有趣。"一分钟父亲笑了笑,年轻人有些莫名其妙。

一分钟父亲解释说:"在我之前学到的所有东西里,刚才那点是最重要的。还记得吗?我说过,我在家庭中并不像在事业上那样成功。你能猜出是为什么吗?"

年轻人很为难,不知道说什么才好。他惊讶地发现眼前的长者竟也有脆弱的一面。"我想其中的原因大概跟我们刚才谈的话题有关系。"

"是的。"

"难道只是因为你没有把建立幸福的家庭作为自己的奋斗目标吗?"

"虽然听起来让人难以置信,但就是这么回事。我以前一直认为,只要努力工作,就可以不把家庭放在心上。"

年轻人很理解这种想法。

"现在,我已经解决了这个问题,"一分钟父亲说,"我把自己在家庭生活中的目标清清楚楚地写下来,而且经常重温它们。当然,我温习得越多,就越有希望实现这些目标。

"这是我的'爆米花法则'。"

"什么?"

一分钟父亲笑了起来。"你大概也听说过那个在电影院里做过的实验吧!现在法律已经禁止那么做了:在银幕上飞快地闪过奶油爆米花的画面,和'来买爆米花吧'的字样。

"这些画面一闪而过,观众根本不会注意到。"

"但是,我打赌,"年轻人不假思索地说,"他们的潜意识都注意到了,对吗?"

"一点儿不错!你猜结果怎么样?"

年轻人回答:"电影院卖出了好多好多爆米花。"

"对!但你也要记住最重要的一点:潜意识对我们的行为有积极影响的同时,也有消极的影响。

"比如,前不久的一个星期六,我看到某报体育版的一篇文章,里面提到一位在前三局一直领先的高尔夫球手,他说:'我是个稻草人球手。'

"记者问他是什么意思,他解释说:'我在前几局吓跑了许多非常优秀的选手。'"

"也就是说,"年轻人说,"他认定成功已是囊中之物。自己只要在比赛中把其他选手'吓跑'就可以了。"

"没错。第二天我又看了报纸。你猜他在锦标赛最后一天的表现怎么样?"

年轻人摇摇头,很担心结果跟自己想的不一样。

一分钟父亲说:"当然是赢了。他打了七十六杆,足够获得那一大笔奖金。

"老想着输掉比赛的人可是赢不了的。"

说到这里,一分钟父亲看了看手表,说:"时间快到了。"

"什么时间快到了?"年轻人问。

"我们家的星期六晨会。孩子们都知道你要来,如果愿意的话,他们欢迎你也加入。"

年轻人高兴地跟孩子们一起在餐桌旁坐了下来,他对即将到来的晨会充满了好奇。

如何表扬孩子

年轻人惊讶地发现主导晨会的居然是孩子。

大家一起回顾了他们的目标,包括家庭目标和各自的目标,接着互相进行了一分钟称赞和一分钟批评。大家互相开着玩笑,气氛非常轻松。可以肯定的是这五个孩子已经开始经营自己的生活了,而且还小有成效。

晨会结束前,大儿子说:"你们知道,我们的共同目标之一就是互相照顾。

"我读到一则消息说,每年都有一万五千名儿童被诱拐。有人建议把孩子们的指纹记录下来,这样如果孩子走失了,就比较容易确认身份。我们把小妹妹的指纹也记录下来怎么样?"

"怎么记录呢?"其他人问。

"用印泥和卡片就可以了，我们要把这份记录留在家里。"

说完一个女孩把手放在他的手臂上说："哥哥，你真的很关心妹妹，而且你想到了一个非常好的主意。我想告诉你，这让我非常开心！"

孩子们为这番称赞夸张地鼓起掌来。看得出大家是真的开心。

"我们把家里所有孩子的指纹都记录下来吧。"一个孩子提议。

大家都同意。晨会结束后，孩子们到附近的文具店去买东西，准备把计划付诸实践。

"真是不可思议！"年轻人感叹。

"几个月之前，我也会觉得不可思议，"父亲承认，"但是，自从我开始努力去发现孩子们做对了什么，或者只是大致做对了什么后，一切都变了。

"简直无法相信这给我和孩子们带来了多大的改变！"

"一分钟称赞为什么会有这么好的效果呢？"年轻人好奇地问。

"首先，孩子们得到了称赞，这种反馈会帮助他们获得更好的自我感觉。

"过去，我常常忘记在孩子们表现好的时候肯定他们。"

年轻人笑了笑，说："我最近看了一部动画片，说的就是这件事。

"里面的淘气鬼丹尼斯眼泪汪汪地躲在墙角，委屈地自言自语：'我做了好事，怎么反倒连坐的地方都没有了呢？'"一分钟父亲也笑了起来。

"说起这个，"年轻人说，"我的孩子们表现得很乖的时候，我也没有给过他们任何关注。"

"相信我，"一分钟父亲非常肯定地说，"如果你在这个时候给他们一些关注，将会对他们有很大帮助。

"想让孩子迅速成长起来，就要记住'良好的反馈是成功者的早餐'。

"最好的反馈就是让孩子看到他们的成功。"

让孩子相信自己是成功者的最好办法
就是让他们看到自己的成功

"有个例子最能说明这一点，"一分钟父亲说，"这是一个真实的故事。有一位父亲总是制造各种条件让儿子从小就品尝成功的滋味，无论多小的事。"

年轻人笑了起来。"听上去这孩子以后肯定能成为真正的成功者！"

"他的确成功了！"一分钟父亲说。

"那位父亲是怎么做的呢？"年轻人问。

"他像其他父亲那样教孩子打保龄球。不过，他教的方法跟大多数人不一样。

"他像平常一样让机器摆出十个球瓶。接着，他做了一件让朋友万分吃惊的事——在边沟的尽头也摆了几个球瓶。"

"在边沟的尽头？"年轻人惊讶地问，"你刚才说的确实是'边沟'吗？"

"没错。"一分钟父亲回答。

"我们都知道，如果投得很糟，保龄球就会偏离轨道，滚到边沟里去，结果就是零分——因为一个球瓶都没击倒。"

"他为什么要那样做？"年轻人问。

"让我用一个问题来回答你。如果这个孩子只有四岁，而且是刚开始学打保龄球，你认为他会把球投到什么地方？"

年轻人笑了。"我担心他会把球投到边沟里。"

"是的，我们大多数做父亲的都会有这种'担心'。

"但是这位父亲却不在乎儿子把球投到什么地方，反正他在球可能滚到的地方都摆放了球瓶。"

年轻人笑了起来。"真是个好主意！"

"这主意妙极了，不是吗？不论小家伙把球投到哪里，他都能'赢'！"

年轻人点了点头，继续微笑。

"你猜这孩子长大以后成了什么人？"

"职业保龄球运动员？"

"猜对了，而且是一位非常出色的保龄球运动员！许多年后，当他赢得比其他同行都多的奖金之后，有人问起他成功的秘诀，这位名叫尼尔森·波顿的运动员骄傲地提起了自己的父亲。

"'我不记得自己有过零分的记录，'他说，'因为我有一位非常了不起的父亲！'"

两个人默默地回味着这个故事,都在心里期望自己小时候也有一位这样的父亲。

现在,为了孩子,他们也想成为这样的父亲。

年轻人说:"这个故事让我想起了另一对父子。为了帮助儿子学会打篮球,这位父亲鼓励孩子朝废纸篓里扔网球。同样地,孩子'一次也没有失过手'。

"不过,可笑的是,我从来没想过为我的儿子做这样的事。"他坦白地说。

一分钟父亲笑了笑,说:"但是,我觉得你会的。

"而且你越是这样做,就越能激发出孩子身上最好的一面。"

"这就是一分钟称赞这么有效果的原因吗?"年轻人问,"因为它可以把孩子本来就有的优点激发出来。"

"对极了。我们每个人都有做出正确判断和决定的能力——如果那样做能给我们带来回报的话。"

"你为什么认为这种智慧是孩子与生俱来的呢?"年轻人问。

"因为我每天都可以从他们身上看到这一点。只要看看孩子每天的生活,你就会发现,他们跟我们一样,只要有自信、有勇气,就能把所有事务处理得井井有条。

"事实上,曾经有人做过一项有趣的研究,他们发现孩子们非常清楚什么对自己最有利。

"他们在学校里开了一家特殊的自助餐厅。餐厅分成两部分,一边都是好吃的东西——冰激凌、比萨、糖果,等等。

"另一边都是营养丰富的食品,就是大人们总告诉孩子'应该'吃的那些东西。

"进行这项研究的社会学家告诉孩子们:'你们每天都可以来餐厅吃东西,随便选,而且全部都免费。'"

"听起来很诱人。"年轻人说。

一分钟父亲笑了笑,说:"当然。你知道孩子们第一天到餐厅的时候,发生了什么事吗?"

年轻人回答:"如果他们和我的两个孩子一样的话,肯定会把那些垃圾食品吃个痛快!"

"的确如此。

"你知道第二天发生了什么吗?"

"同样的事情。"年轻人回答。

"基本上是这样。"一分钟父亲说。

"但是两个星期后,你知道孩子们有什么反应吗?

"记住,"一分钟父亲提醒说,"他们仍然可以想吃什么就吃什么,愿意吃多少就吃多少。"

年轻人回答:"我不知道。究竟发生了什么?"

"营养食品的那一边排起了长队。大多数孩子都厌倦了垃圾食品,想吃更健康的食品。他们主动选择了对自己有好处的东西!

"如果让孩子在生活中自己做决定,他们中的大多数人都会这样做。他们知道什么对自己有利,会主动选择有利的东西。"

"问题是,"一分钟父亲说,"大多数家长都不相信他们有这种能力。"

"所以,"年轻人接着说,"我们会根据自己的判断去对待他们。"

"一点儿不错。你猜这样对待他们结果会怎样?"

"孩子们会做出错误的决定,"年轻人开始明白了,"而我们则不得不去'纠正他们'。"

"是的,对于任何一位父亲来说,这样做都会让他筋疲力尽,或许你也有过这样的经历。"

"所以说,"年轻人恍然大悟,"这就是要对孩子进行一分钟称赞的原因。

"它可以使孩子意识到自己是个成功者——只要相信自己,相信自己的直觉,他们就能够做出正确的判断,也能做好几乎所有事情。"

"你我都不想看到自己的孩子变成战战兢兢、循规蹈矩的小机器人。"一分钟父亲说。

"我希望我的孩子能够根据他们自己的判断去选择好的行为,不是被迫,而是自己想要做。因为他们发现那样做能帮助他们实现自己的理想,做到他们希望做到的事。

"我们每个人小时候可能都希望成为华特·迪士尼创造的那种孩子。那种充满自信、精神自由的孩子。而现在更期望我们自己的孩子能像那样——这些品质现在已经很少见了。

"迪士尼先生总是喜欢对朋友讲那个马戏团男孩的故事。马戏团到镇上表演时,乐队指挥需要一个长号手,于是一个男孩就去报了名。表演队伍还没走完两个街区,他那可怕的号声就已经吓昏了两位老太太,还惊跑了一匹马。

乐队指挥问他：'你为什么不跟我说你不会吹长号呢？'男孩回答：'我怎么知道我不会？我以前又没试过！'"

年轻人笑了起来。

"讲完了这个故事，"一分钟父亲继续说，"迪士尼先生又说：'很多年前，我可能会干跟那个男孩一样的事。现在，我已经满头白发，当了爷爷，而且就像人们说的那样，是个比较理智的人了。但是，尽管年龄渐长，我还是希望自己在精神上一直保持年轻，永远不怕失败——就像故事里的小男孩一样，抓住机会冒一冒险。'"

一分钟父亲想了想，接着说："我真的很希望我的孩子们也能这么想。要是我小时候能多做一些这样的事该多好。"

"你是说你会帮助孩子们做好成功的一切准备，如果他们没有意识到自己的成功，你就去告诉他们你发现的成功之处。这就是一分钟称赞的用处。"

"你很善于概括总结，"一分钟父亲说，"我再补充一点。根据我的经验，称赞孩子比批评他们更有效果。"

年轻人想了想，说："你的话让我想到那则关于风和太阳的寓言。"

"什么寓言?"一分钟父亲好奇地问。

年轻人发现一分钟父亲总是很好学。

"风和太阳在一起争论谁在宇宙中最强,"年轻人解释说,"风自夸比太阳强得多。它说自己能把树连根拔起,能制造飓风,毁掉整座城市。它还说自己可以把海上航行的轮船掀翻,让它们沉到海底。它相信自己是最强的!

"听了这些话,太阳只是平静地说:'或许吧。'

"风不愿意就此罢休,又说:'我当然比你强。这就证明给你看。我们试一下吧!'太阳同意了。

"风四下里看了看,说:'看到走在路上的那位老人了吗?让我们来看看到底谁更强。我很快就可以把他的外套和帽子吹走!等着瞧!'

"太阳笑了笑。风开始用力吹了起来。风大了,老人从头上取下帽子,抱在怀里。风继续使劲儿地吹,老人把外套裹得更紧了。风吹得越大,老人就把帽子和外套抓得越紧。

"风疯狂地吹了足足十分钟。

"最后,它放弃了。

"这时,太阳从云彩后面露出了脸。

"太阳刚刚出来的时候,老人觉得天气变得暖和了一些,立刻眯起眼睛抬头往天上看。阳光越来越炽热,还不到五分钟,老人就满头大汗……"

听到这里,一分钟父亲笑了起来,接下去说:"于是他脱下了外套!"

"是的。"年轻人回答。

他又笑着补充道:"太阳只用了短短几分钟就达到了目的。"

"我喜欢这个故事,"一分钟父亲说,"这也是一个用更快捷的方法达到更好效果的例子。"

"我知道你会喜欢的,"年轻人说,"说到在短时间内得到好的结果,我们现在可不可以聊聊一分钟批评?"

"当然可以。"一分钟父亲回答。

"实际上,"一分钟父亲承认,"这个寓言让我想起了我以前的行为。那时我常常对孩子大吼大叫。我跟他们说话的方式、我的行为,让他们认为我觉得他们都是坏孩子。

"当然,我吼得越大声,他们就越坚持自己的坏行为。"

"这我就不明白了,"年轻人说,"为什么一分钟批评会有效呢?你进行一分钟批评时他们不会顶嘴吗?"

如何批评孩子

一分钟父亲说:"一分钟批评之所以有效,是因为那是一种爱的教育——那是孩子们最需要的,当然,我只会在他们需要的时候那样做。

"一分钟批评为我提供了一个解决问题的有效办法。你也知道,孩子们总会制造各种各样的问题。

"我对于那些无法接受的行为,根本不会容忍,"一分钟父亲说,"所以不论在工作中,还是在家里,我从不会忍气吞声。而当问题跟孩子有关时,我的反应就只会让事情变得更糟。"

"我家现在也是这样,"年轻人说,"我也认为对无法接受的行为不该容忍。

"可是,这样做不仅没有让孩子们的行为有所改观,反而让全家人都因此而讨厌我——就因为我试图让孩子们规矩一点儿。"

"听我说,"一分钟父亲说,"他们讨厌的可能只是你的管教方式。"

他继续笑着说:"你现在的状况和我以前一样。"

"你?"年轻人不相信。

"是的,我以前也像狂风一样'怒吼'过。孩子们做错了事,我就冲他们大喊大叫,然后重重地惩罚他们。"

"结果根本不管用,是吗?"年轻人问。

"是的,而且只会让事情变得越来越糟。

"现在我明白了,所有人都会做出同样的反应。不论是你、你的妻子、你的孩子,还是我,或是我的孩子,大家都一样。我们都不喜欢别人冲我们喊叫,或贬低我们自身的价值。

"这就是一分钟批评之所以有效的一个重要原因。因为:

当我对孩子进行一分钟批评时

他们会为自己的行为感到难过

同时也会保持良好的自我感觉

"让孩子觉得难过没关系吗?"

"如果他们只是对自己的行为感到难过,那就没关系。

"实际上,我是有意让他们在一分钟批评的前半分钟觉得难受的。"一分钟父亲说。

就在这时,他们听到门口传来停车的声音。孩子们已经从文具店回来了。七岁的二女儿走进客厅说:"爸爸,如果我在外面玩滑板,会不会打扰你们?"

一分钟父亲回答:"不会,亲爱的。不过现在外面很滑,所以你最好小心点儿。"

女孩离开了,两个人继续聊了起来。

"这么说,你觉得孩子应该承担自己行为的后果。"

"当然!"一分钟父亲说,"一分钟批评有用,就是因为它是不良表现带来的后果,一个让人很不舒服的后果。

"我曾经和许多专家谈过,再结合自己的经验,我认为,最好的管教应该是让孩子感到难受的同时又有教育意义。

"如果只有其中之一,管教就起不到作用。"

"我管教孩子的时候,确实只做到了让他们难受,"年轻人说,接着笑了起来,"至少在这个方面,我还是比较擅长的。"

一分钟父亲也笑了起来。"你已经开始像个一分钟父亲了,不是吗?"

"怎么讲?"年轻人不解地问。

"你开始学会对自己的错误一笑了之了。这会让你做家长时轻松一些。

"你想知道一分钟批评为什么比一般的管教更有效吗?让我告诉你:

我把充满爱的教育

作为礼物送给孩子们

"最关键的是爱。"一分钟父亲说。

"一分钟批评有用,最重要的原因就是它可以让我的孩子们明白我是多么爱他们、关心他们。

"当我把他们行为带给我的感受告诉他们——尽管只会持续半分钟左右——并对他们的行为进行批评时,我是爱他们的。我不会没完没了地抱怨,我会强调让我失望的是他们的行为,而不是他们本身。

"当我调整呼吸,让自己平静下来,提醒自己要站在孩子这边、要一如既往支持他们时,我的心里同样充满了对他们的爱。我真的愿意永远站在他们背后,给他们最大的支持。"

年轻人听着,似乎能体会到孩子的感受。

"一分钟批评最强有力的就是后半部分。当我告诉孩子们,他们是非常棒的孩子,不该做出那样的行为时,我其实是在告诉他们,我是多么重视、欣赏他们。

"开始的时候,我很难做到这些——尤其是在气头上的时候,"一分钟父亲说,"但是当说出我爱他们,即使他们犯了错误也依然爱他们时,确实彻底改变了我的世界!现在,我的家庭……"

窗外突如其来的哭声打断了他的话,原来二女儿摔倒了。

一分钟父亲立刻站起来,朝窗外望去。小女孩正慢慢地从地上爬起来,好像擦破了点儿皮,看样子没有大碍。他松了一口气,重新坐下,等女儿进来。年轻人很惊讶,一分钟父亲似乎并不是很担心。

小女孩哭着走了进来。一分钟父亲什么也没说,让她先哭个痛快。等她哭累了,他才问:"没事吧?"

"没事,"小女孩回答,"我把胳膊肘磕了,不过不严重。"

一分钟父亲既没有拥抱她,也没有任何安慰的表示,只是问了一句:"亲爱的,你还想在潮湿的地上玩滑板吗,而且还不戴护肘?"

年轻人觉得一分钟父亲太严厉了,换了他自己,肯定早就跑出去把女儿扶起来,仔细照料她的伤口了。

小女孩低声说:"不想了。"

父亲问:"不想了?那么下次玩滑板的时候你会怎么做?"小女孩一声不吭地低着头。

这时候,父亲笑了笑,两眼闪着泪光看着她,又问:"你真的不想再这么光着胳膊在潮湿的地上玩滑板了吗？"

小女孩也破涕为笑，接着大笑起来，眼泪还挂在脸上。"不想了，爸爸，那样做太笨了！"

"这就对了！你可不笨，你是个聪明的孩子。"接着，女孩跟父亲拥抱了一下，离开了。

一分钟父亲长长地舒了口气："谢天谢地，她没有伤到。"

年轻人这时说："说实话，开始的时候，我真的觉得你有点儿太无情了。别的父母可不会像你这样对待一个小女孩。"

"你说得对，"一分钟父亲承认，"我的做法确实跟别人不一样。但我这样做比一般的做法有益得多。我帮她学会了如何照顾自己。

"我觉得，每个人都应该尽快学会照顾自己。我对孩子们的一个最大期望，也是我对自己的期望，就是培养良好的判断力。"

他接着解释说："我想让我的孩子们在亲身经历中学会这一点，就像我当初那样。

"我对每个孩子都一视同仁。我认为，只要他们相信自己能做到，就一定能做到；他们中没有谁需要别人来保护。总之，我是把他们当作很有能力的年轻人来对待的。

"当他们发现不了自己的错误时，我就会对他们进行一分钟批评。

"一分钟批评只是用另一种方式来让他们体验错误带来的痛苦。当然，在错误发生后要立刻批评，而且要在家里一对一地单独进行。"

"一分钟批评之所以有效，"一分钟父亲说，"是因为它可以帮我随时掌握事情的进展——孩子一偏离轨道，就可以马上把他们带回正轨。"

"就像美国国家航空航天局用航线控制系统引导阿波罗号成功登陆月球那样。"年轻人说。

"什么意思？"一分钟父亲问。

"载着美国宇航员的阿波罗号宇宙飞船在大部分的航程里都是偏离轨道的。"年轻人解释说。

"真的吗？"一分钟父亲问。

年轻人点了点头。一分钟父亲说："真是难以置信，它竟然成功地完成了使命。我还记得自己当时有多么自豪。

"不过，这跟一分钟批评有什么关系？"

"阿波罗号成功登月的关键就在于,在整个飞行过程中它一直是被监控着的。每当它稍稍偏离预定轨道,就会马上被带回正轨上。"

"所以,"一分钟父亲说,"人们并没有让宇宙飞船偏离轨道太远。"

"一点儿不错,"年轻人说,"就这样,他们一直没有遇到太大的问题,因为所有的问题在刚刚发生的时候就被解决了。"

年轻人很高兴能跟一分钟父亲一起分享自己知道的东西。不知为什么,和一分钟父亲在一起的时候,他觉得自己的头脑好像比平时更灵活了,并且渐渐意识到原来自己也是很聪明的。

年轻人倾听着自己内心的声音,思考着要如何把智慧用在教导孩子上。

一分钟父亲知道年轻人正在思考,就不再说话了。过了一会儿才开口说:"你似乎对及早发现问题的重要性已经很清楚了。"

然后,他笑了笑,又说:"而你却让我来解释一分钟批评为什么会有效!"

他问年轻人:"你还记得刚见面时我对你说了什么吗?我说你其实已经知道答案了,只不过还没有意识到而已。我还说你只是目前还没有把你本来就知道的东西付诸实践。还记得吗?

"其实,你刚才已经说出了我想告诉你的东西。

"在过去的几百年里,有许多优秀的父母都把他们的孩子教导得非常出色。

"他们教育孩子的方式可能各不相同,但有一件事是相同的:把自己对孩子的期望清楚地告诉他们,在孩子表现好的时候称赞他们,在孩子做错事的时候告诉他们错在哪里,而不是把他们痛打一顿。

"一分钟批评有效,就是因为它尊重一个重要的事实:

重要的不是我对孩子的看法

而是孩子对自己的信念

接着，一分钟父亲又提出了几个有趣的问题："如果我的每个孩子都相信自己是个好人，是个有价值的人，他们会怎么样？如果他们都能用非暴力的方式有效地表达愤怒或烦恼，比如一分钟批评这样的方式，他们又会怎么样？

"我说的非暴力方式，"一分钟父亲解释说，"是指不攻击别人。

"这样的话，你认为他们会变成社会上的问题青年吗？像他们这样的人会成为暴力犯罪分子吗？他们会去挑起争端或用其他方式攻击他人吗？"

年轻人回答："不会。我想他们都会有一个非常平和冷静的心态。"

"我同意你的看法，"一分钟父亲说，"可是，你知道有些家长是如何对待孩子的吗？比如在超市里。"

年轻人说："如果你是指家长对孩子犯错的各种反应，我想我见过很多。但是让我印象最深的就是，有些家长会对孩子大喊大叫，说他是坏孩子，甚至当场大打出手，吓唬孩子说要把他扔在超市里不管。"

"你说得不错，"一分钟父亲说，"有时我们在孩子的面前难免会失去耐心,但是你能想象孩子眼中我们的样子吗?就好像面对着一个二十英尺高、可能随时大发雷霆的巨人一样。

"如果这种事发生在两个成年人之间,超市经理看到后肯定会去报警。但是当一方是毫无抵抗能力的孩子时,我们会做什么呢?"

"我们无动于衷,"年轻人皱起了眉头,"我以前也经常对我的孩子大喊大叫,而且很过分。"

一分钟父亲说:"我们都有过那样的经历。记得在用一分钟批评法之前,我和大儿子的关系非常僵,我们都很不满对方。我总是把挫败感压在心里,但是每过一段时间,这些感受就会爆发一次。被我教训过几次之后,我儿子很快就开始跟我顶嘴了。

"我当时不明白为什么很多孩子都怒气冲冲的。而且暴力犯罪在青少年中的比例最高。"

"这让我想起一位典狱长在电视上说的一番话,"年轻人说,"这位目睹了监狱的真实情况的官员说:'好斗的孩子越少,社会上的暴力犯罪就会越少。'"

一分钟父亲没说什么,静静地思考着这句话:如果自己当时没找到管教孩子的更好方式,这个家会是什么样子。当然,大家都不想那种事发生在自己身上,但是……

年轻人继续说:"所以,这种非暴力的管教方式有两个好处。它可以改善我们的社会,因为如果大多数人都使用这种或类似的方法去管教孩子,那么社会上叛逆的青少年就会少一些。

"如果我们把这种管教方式用在自己家里,就会大大改善孩子们的态度和行为。一分钟批评其实是一种有效的沟通方式。

"设定一分钟目标,进行一分钟称赞和一分钟批评都可以使孩子更加自爱。"

"现在我开始相信,这三种方法对我的家庭也会非常有用了。"年轻人说。

"一定会的!"一分钟父亲肯定道。

"现在你已经知道该怎样做了,那么只要实践就可以了。要改变你自己的行为,改变原来的习惯,对你来说恐怕是个挑战,但这种努力是值得的。

"还要记住,"一分钟父亲补充说,"用这三种方式与孩子沟通只是教育的一小部分。要想做一个好家长,偶尔跟孩子相处一两分钟是远远不够的。但尽管如此,一分钟沟通方式对你还是会有不小帮助。

"至于其他的事情嘛,"一分钟父亲继续说,"或许你还需要牢记一个简单的原则。这个原则是我自己发现的,会在很多地方对你有所帮助。"

"什么原则?"年轻人很想知道。

"想让孩子们怎样对待你,你就要怎样对待他们。"

年轻人说:"我现在终于明白一分钟批评为什么那么有效了。它实际上就是应了一句箴言:你希望别人怎样对待你,你就要怎样对待别人。"

"所有人都会犯错,"年轻人说,"当我们做错事的时候,都希望有真正爱我们的人帮我们指出错误,并对我们说,我们还是有价值的人。"

就在这时,年轻人听到一种奇怪的飞机轰鸣声。应声而入的是这家的小儿子:"我可以打扰你一分钟吗,爸爸?"

父亲说行,并很快修好了儿子的飞机模型。

孩子说了句"谢谢,爸爸"就出去了。一分钟父亲转向年轻人,说:"其实你我就像我儿子的这架飞机模型一样。"

"怎么讲?"年轻人问。

"我们是儿女的榜样。他们更多的时候会看我们怎么做,而不是听我们怎么说。"

"在进行一分钟批评的时候,他们看到我们生气或伤心,就会明白一个人可以这样真实表达自己的感情。"他又微笑着补充说,"即使他是个成年人。"

"这样看来,"年轻人说,"一分钟批评法看似简单,却能带来很多方面的好处。

"除了改进自己的行为外,孩子们还能从中学到许多其他的东西。他们可以学会了解自己。"

"你已经学会了。"一分钟父亲说。他为今天的会面高兴不已。

年轻人轻轻地摇了摇头,说:"我还不知道……我能不能做到这些。要在我关心的人面前,把手放在他肩上,对他说'我非常爱你',这对我来说太难了。"

一分钟父亲笑了起来,说:"我没说过会很容易!"他停下来想了想,又说:"我还记得第一次用这种方法时的感觉,所以我非常理解你。"

"突然之间,我成了家里唯一的家长。有五个孩子,大儿子和大女儿已经十几岁了。他们对自己、对我都感到不适应。而我对这一切也完全不知所措。"

"那你是怎么做的?"年轻人问。

一分钟父亲微笑着说:"我看到了几种不同的选择。"

"都有什么选择呢?"年轻人问。

"告诉我,"一分钟父亲回答,"你现在都有哪些选择?"

"嗯,我想我可以什么都不做,也可以继续用原来的方法教导孩子,或者……还可以改变一下,用新的方法。"

"如果你选择了前两种方法,"一分钟父亲问,"你觉得你的妻子和孩子们会怎样?"

年轻人笑了起来:"恐怕不会太好。"

"那你会怎么选择呢?"一分钟父亲又问。

年轻人想了想,然后小声说:"我想我会尝试改变。"

一分钟父亲探过头来,大声问:"你说什么?"

年轻人大声笑了起来。"我有些胆怯,是吗?"他问。

一分钟父亲回答:"丢掉你的压力。不要总想着把事情做得十全十美。别怕犯错。你肯定会犯错的,重要的是努力按照你知道的去做!"

年轻人起身同他握手,向他道谢,并答应把事情的进展告诉他,然后离开了。

3

新的一分钟父亲

年轻人回到家时已是傍晚。妻子焦急地问:"亲爱的,你找到什么办法了吗?"

他笑了:"你肯定不会相信,刚开始的时候我也不相信。其实他告诉我的都是我已经知道的。但是他把这些东西概括成了三条父母与子女沟通的简单方法。而且,这些方法都非常有效!"

妻子笑着说:"我要亲眼看到效果才会相信你的话。不过,既然它们是有关沟通的方法,我倒愿意听下去。"

他们煮了一壶咖啡,一直聊到深夜。妻子觉得丈夫说得非常有道理。实际上,她和丈夫一直都在讨论类似的问题。只不过他们之前不清楚该怎样把这些想法付诸实践罢了。

"不过,对你说的方法,我还有一个疑问。"妻子说。

"一分钟父亲或一分钟母亲这种提法似乎不太对。父母应该多花一些时间跟孩子们在一起。"

年轻人对此也表示同意:"我离开的时候,一分钟父亲也是这么跟我说的,这套沟通方法是要促使我们花更多的时间去跟孩子一起做其他重要的事情。"

妻子想了想,"这么说的话,我觉得是个好方法,"她注视着丈夫,接着说,"这样一来,我们也会有更多的时间在一起了。"

第二天,年轻人开始把自己学到的东西付诸实践。起初并不容易,他觉得自己做得很蹩脚,孩子们也经常不明白他的意思。但是,在妻子的配合和帮助下,他终于成功了。

他也成了一位一分钟父亲,这不仅仅是因为他知道应该怎样做,更是因为他确实按照这些方法去做了。

他和孩子们一起设定一分钟目标。

他给孩子们一分钟称赞。

他对孩子们进行一分钟批评。

他拥抱孩子们,简单直接地陈述事实,明确地表达自己的感情,对自己的错误一笑置之。

最重要的是,他也鼓励孩子们像他这样做。

他甚至总结出了一分钟教育的"游戏策略"。他把这些策略复印了很多份,给孩子们每人一份,用来提醒他们和自己:生活不仅是一次无价的探险,值得大家去珍惜和尊重,它还是一场有趣的游戏,每个人都能从中得到乐趣。

一分钟父亲的"游戏策略"

教孩子们学会自信和自律。
自己也在这个过程中得到乐趣。

- 针对孩子们的行为设定目标、给予称赞、进行批评。
- 简单说明事实,明确表达感情。
- 经常拥抱孩子们,和他们一起欢笑。

鼓励孩子们也像我这样做。

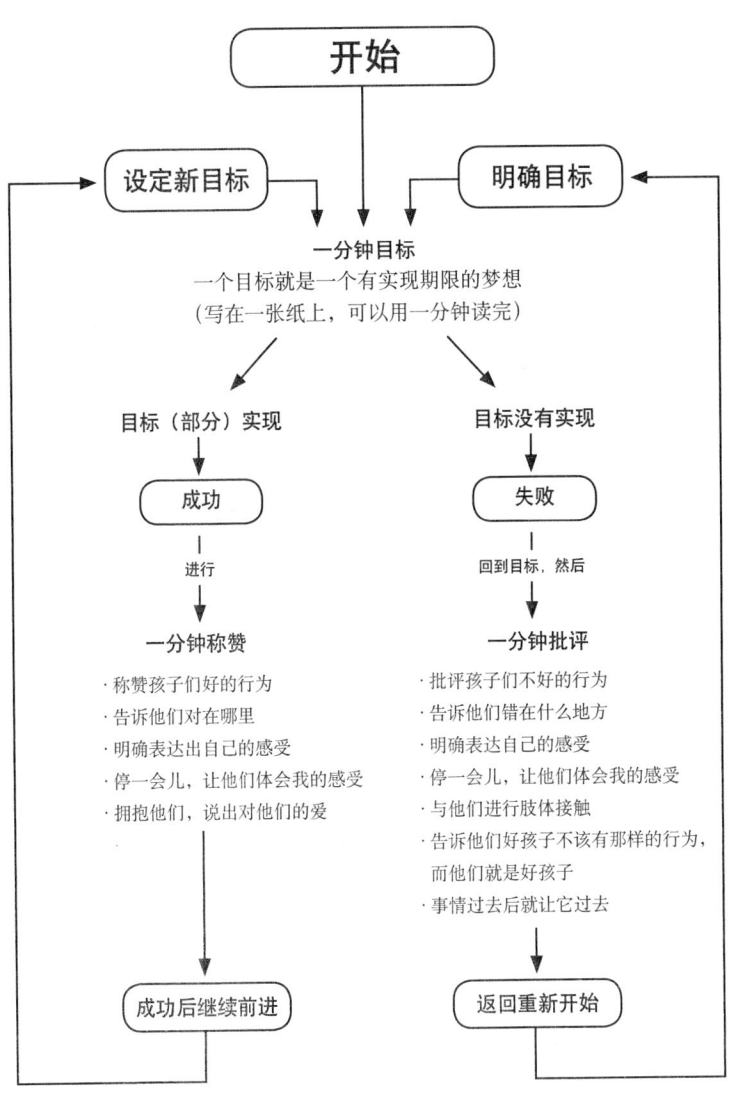

多年后，年轻人已经不再年轻。回想起第一次听到一分钟方法的情形，他很庆幸自己把那位一分钟父亲教给他的东西都记了下来。

他把自己的笔记编成了一本小册子，送给那些向他求教的人。

他想起了那个最早向自己推荐一分钟父亲的朋友，于是问他想不想要一本。

后来那位朋友打电话对他说："真是太感谢你了。我现在也在用这三种一分钟方法。它们真的让我的家庭变得好多了！"

年轻人很高兴其他父亲也在使用一分钟方法，他为自己分发了那些笔记而感到欣慰。

那些得到一分钟方法笔记的人，可以按照自己的速度反复阅读，直到完全理解，并把它们应用到实际生活中。

这位新的一分钟父亲非常清楚，在学习新东西的时候，不断复习是很重要的。

没过多久，许多邻居都成了一分钟家长。有些家长甚至把这些方法介绍给了自己已经成年的孩子。而这些孩子又把一分钟方法介绍给了更多的人。

不久,整个街区都有了改观,人们生活得更加和谐愉快了。

一天下午,新的一分钟父亲在家里一边休息一边沉思,他觉得自己非常幸运。

因为他给了自己一份礼物,让自己用更少的时间达到了更好的效果。他现在有很多时间可以思考,可以为家人提供他们所需的帮助。他还有时间锻炼,让自己的身体保持健康。

他不再像其他父亲那样承受身体和心理的巨大压力。

他知道,轻松的生活会让他活得更好、更长久。

他还知道,那些同样在用一分钟方法的人,也和他一样过得轻松而愉快。

他的两个孩子都学会了自尊和自律。他们不必像其他家庭那样面对一大堆问题。除了不可避免的常见家庭琐事和烦恼,他的家总是非常和睦、快乐,这是很少见的。现在全家人都深深地体会到了美满家庭所带来的安慰和满足。

想到这里,新的一分钟父亲从自己最喜欢的椅子里站起身来,在房间里慢慢地踱步。

他又陷入了沉思。

不论是作为一个人,还是作为一位父亲,他都对自己非常满意。对家庭的关心给他带来了丰厚的回报:他得到了家人的爱。

他知道,由于孩子们学会了自尊和自律,他也成了一位非常高效的父亲。

最重要的是,他觉得这样棒极了。

正在这时,他听到妻子的声音:"对不起,打扰一下,亲爱的。一位年轻女士打电话说,想跟我们聊聊怎么教导孩子。"

看到丈夫与孩子们的交流给家庭带来的改善之后,妻子也开始使用一分钟方法了。

丈夫说:"是吗,亲爱的!那太好了。或许我们可以分别从父亲和母亲的角度跟她谈谈,我们是如何用不同的方式来运用一分钟方法,最后达到同样好的效果的。"

新的一分钟父亲很高兴,他知道越来越多的父母开始重视自己的孩子了。他们中有些人和他当初一样,迫切地想学到教导孩子的更好方法。

他的家庭现在十分幸福,气氛也十分活跃。孩子们都喜欢和家人在一起,就连他们的朋友也都喜欢跟他们在一起。作为这样一个家庭的父亲,他感觉好极了。

"我们随时欢迎你!"他对着听筒说。

不久,他和妻子就迎来了他们的客人——一位非常聪明的年轻女士。"我们很高兴把自己教育孩子的秘诀跟你分享。"新的一分钟父亲说。

"不过只有一个要求。"

"什么要求?"客人问。

"很简单,"他回答,"你必须……

把它和其他人分享

The End

图书在版编目(CIP)数据

好爸爸的一分钟/（美）约翰逊著；周晶译.－海口：南海出版公司，2016.9
ISBN 978-7-5442-8336-6

Ⅰ.①好… Ⅱ.①约…②周… Ⅲ.①家庭教育 Ⅳ.①G78

中国版本图书馆CIP数据核字(2016)第108302号

著作权合同登记号　图字：30-2004-10

THE ONE MINUTE FATHER by Spencer Johnson, M.D.
Copyright © 1983 by Candle Communications Corporation
Published by arrangement with William Morrow,
an imprint of HarperCollins Publishers, Inc., USA
through Bardon-Chinese Media Agency
ALL RIGHTS RESERVED

好爸爸的一分钟
〔美〕斯宾塞·约翰逊 著
周晶 译

出　　版	南海出版公司　（0898）66568511
	海口市海秀中路51号星华大厦五楼　邮编 570206
发　　行	新经典发行有限公司
	电话(010)68423599　邮箱 editor@readinglife.com
经　　销	新华书店
责任编辑	侯晓琼
特邀编辑	薛茹月
装帧设计	朱　琳
内文制作	田晓波
印　　刷	北京天宇万达印刷有限公司
开　　本	787毫米×965毫米　1/32
印　　张	4.75
字　　数	70千
版　　次	2016年9月第1版
印　　次	2016年9月第1次印刷
书　　号	ISBN 978-7-5442-8336-6
定　　价	36.00元

版权所有，侵权必究
如有印装质量问题，请发邮件至 zhiliang@readinglife.com